Anthony de Mello

IM HIER UND JETZT LIEGT ALLES

Der Weg zum Glück

Der Autor

Anthony de Mello, geb. 1931 in Bombay, studierte nach seinem Eintritt in den Jesuitenorden Philosophie, Theologie und Psychologie in Barcelona, Poona, Chicago und Rom. Bis zu seinem Tod 1987 leitete er ein Beratungs- und Ausbildungszentrum in Lonavla in Indien. „Ein Meister der Psychologie des menschlichen Herzens. Und ein Meister der Pointe". Zahlreiche weltweit erfolgreiche Bücher.

Der Herausgeber

Anton Lichtenauer, M.A., Herausgeber erfolgreicher Sammelbände; von Anthony de Mello: Gib deiner Seele Zeit (Band 6531) ; Zeiten des Glücks (Band 7111).

Anthony de Mello

IM HIER UND JETZT LIEGT ALLES

Der Weg zum Glück

Herausgegeben von Anton Lichtenauer

HERDER

FREIBURG · BASEL · WIEN

HERDER spektrum – Band 7172

Originalausgabe

www.herder.de
Umschlaggestaltung:
Designbüro Gesaltungssaal, Sabine Hanel
Satz: Layoutsatz Kendlinger Mediendesign
Herstellung: fgb · freiburger graphische betriebe

ISBN 978-3-451-07172-0

Inhalt

Vorwort 7

1 Lebe bewusst und sei achtsam 11
2 Komm zu dir, sei der du bist 27
3 Folge dem Fluss des Lebens 39
4 Lass los und lebe gelassen 51
5 Mach Erfahrungen, lebe selbst 66
6 Komm ins Tun – lass die Hektik 85
7 Lebe einfach – Menschsein ist genug . . . 95
8 Urteile nicht, verurteile niemand 113
9 Ändere die Perspektive 129
10 Im Hier und Jetzt ist Leben 141

Quellenhinweis 158

Vorwort

Von Anton Lichtenauer

„Die Zeit – sie geht uns durch wie Rösser, sie geht uns durch und durch", so sang einmal, mit viel wienerischem Weltschmerz, André Heller. Es ist das Gefühl, das wir alle kennen und das uns alle immer wieder einmal überfällt: Das Leben rennt uns davon. Wir haben die Zügel nicht mehr in der Hand, da geht etwas ab, was wir nicht mehr lenken können und was sich nicht aufhalten lässt. „Durchgehen", das heißt ja soviel wie: in Panik geraten, ausreißen und davonjagen.

Zeit ist Leben. Durch und durch und von Anfang an. Seit unserer Geburt läuft die Zeit, verflüchtigt sich, entzieht sich permanent: jedes Jahr, jeden Tag, jede Stunde, jede Minute, jede Sekunde, wie auch immer wir sie unterteilen, um sie festzuhalten. Können wir sie je stoppen? „Verweile doch, du bist so schön" – wie schön wäre es, diese Augenblicke festzuhalten, die wir als „glückliche Momente" bezeichnen?

Auf einer Tafel vor einem Freiburger Szene-Lokal stand kürzlich eine Tafel mit der Aufschrift: „Happy hour – nonstop". Ein Versprechen?

Eher ein Versprecher. Das wollen wir zwar alle: Glück ins Unendliche verlängern, im seligen „Jetzt" ankommen. Und darin verweilen, nonstop. Aber man kann sich nicht glücklich trinken, nicht einmal nonstop. Der nächste Kater kommt bestimmt.

„How long is now?" – diesen aufgesprayten Sponti-Spruch sah man an einer Berliner Häuserwand. Was hat das „Jetzt" mit dem Tempo zu tun, das uns zeitlebens so zu schaffen macht? Nachgedacht darüber haben Philosophen und spirituelle Menschen aller Zeiten, in allen Kulturen. Anthony de Mello hat dieses Nachdenken in Geschichten eingefangen, es wie in einem Brennspiegel gesammelt und einem „Meister" in den Mund gelegt. Hinter seinen Geschichten stehen freilich keine moralisierenden Gebote oder dogmatischen Regeln, sondern Perspektiven aufs Glück, Erfahrungen einer Lebenskunst. Im Kern sagt er: Wenn wir wirklich lebendig sind und uns auf den gegenwärtigen Augenblick tatsächlich einlassen, dann lassen wir die Sorgen um die Vergangenheit los und haften auch nicht an der Angst vor dem, was uns künftig möglicherweise droht. Wenn es gelingt, im Jetzt, im Augenblick, im Moment zu sein, dann verflüchtigt sich unser Leben nicht. Wir müssen nicht Angst haben, gerade etwas versäumt zu haben oder später etwas zu verpassen. Wenn wir ganz im Augenblick sind, dann sind Tempo und Hektik außer Kraft gesetzt, aufgehoben. Zeit auf einmal nicht knapp und flüchtig, sondern Da-Sein: eine Quelle der Fülle und der Freiheit. Unser Leben rennt uns nicht davon, hetzt uns nicht von Tag zu Tag, zerreißt uns nicht zwischen Vergangenheit und Zukunft. Die „durchgegangenen Rösser“ sind zum Stehen gebracht.

Ganz im Jetzt, sind wir offen für das, was „ist“. Da öffnet sich eine Tür in die Ewigkeit. Da blüht uns Leben.

Wie das geht? De Mello sagt: achtsam sein, dem Fluss des Lebens vertrauen, das permanente Beurteilen lassen, sich nicht ständig vergleichen, loslassen, einfach leben etc. All das kann man gleich tun. Es sind Haltungen, die unser Leben ändern können, durch und durch. Es sind Wegweiser zum Glück. Wann dazu Gelegenheit ist? Immer. Nicht irgendwann. Nicht morgen, nicht erst am Wochenende oder im Urlaub. Nein: Heute. Hier und jetzt.

1

LEBE BEWUSST UND SEI ACHTSAM

Horch!

Horch! Lauscht auf das Lied des Vogels, den Wind in den Bäumen, das Rauschen des Meeres. Schaut auf einen Baum, ein fallendes Blatt, eine Blume als sei es das erste Mal. Plötzlich begreift ihr die Wirklichkeit, jenes Paradies aus Kindertagen, das unser Wissen uns heute verschließt.

Ohr des Universums

„Wie soll ich mein Einssein mit der Schöpfung erfahren?“
„Durch Lauschen“, sagte der Meister.
„Und wie soll ich lauschen?“
„Werde zu einem Ohr, das jeder Äußerung des Universums Beachtung schenkt. In dem Augenblick, in dem du etwas hörst, was du selbst sagst, stopp!“

Die Ameise

Ein Gefangener lebte jahrelang in Einzelhaft. Er sah und sprach mit niemand, und seine Mahlzeiten wurden durch eine Maueröffnung gereicht.
Eines Tages kam eine Ameise in seine Zelle. Der Mann betrachtete sie fasziniert, als sie im Raum umherkroch. Er hielt sie auf seiner Handfläche, um sie besser beobachten zu können, gab ihr ab und zu einen Krümel und behielt sie während der Nacht unter seinem Blechgeschirr.
Schließlich wurde ihm klar, dass es zehn langer Jahre Einzelhaft bedurft hatte, um ihm die Augen für die Schönheit einer Ameise zu öffnen.

Die Zikade

Als die Schüler baten, ihnen ein Modell von Spiritualität zu geben, das sie nachahmen könnten, sagte der Meister nur: „Still, lauscht!" Und als sie auf die Laute der Nacht draußen lauschten, begann der Meister leise den berühmten Haiku zu sprechen:
„Von einem frühen Tod,
zeigt sich die Zikade unbeeindruckt.
Sie singt."

Der Rosenstrauch

Den Schülern, die wissen wollten, welche Art der Meditation er jeden Morgen im Garten praktiziere, sagte der Meister: „Wenn ich aufmerksam schaue, sehe ich den Rosenstrauch in voller Blüte."
„Warum muss man *aufmerksam* schauen, um den Rosenstrauch zu sehen?", fragten sie.
„Damit man wirklich den Rosenstrauch sieht", sagte der Meister, „und nicht seine eigene Vorstellung davon."

Vor unseren Augen

Man erzählte von einem Hadji, der am Rande der Stadt lebte, er vollbringe Wunder. Daher pilgerten viele kranke Menschen zu seinem Haus.

Von dem Meister wusste man, dass Wunderbares ihn nicht im geringsten interessierte, und er auch Fragen über den Hadji nie zu beantworten pflegte.

Als er rundheraus gefragt wurde, was er gegen Wunder habe, antwortete er: „Wie kann man gegen etwas sein, das täglich und stündlich vor den Augen stattfindet?"

Täuschung

Wie sollen wir den wahren Mystiker von dem falschen unterscheiden?", fragte ein Schüler, den Okkultes ungeheuer interessierte. „Wie unterscheidest du den echten Schläfer von einem, der nur zu schlafen vorgibt?" fragte der Meister.
„Das ist nicht möglich. Allein der Schläfer weiß, wann er nur so tut, als ob er schlafe", sagte der Schüler.
Der Meister lächelte.
Später sagte er: „Der simulierende Schläfer kann andere täuschen – nicht sich selbst. Der falsche Mystiker kann – unglücklicherweise – sowohl andere wie sich selbst täuschen."

Wahnsinn

Wenn es um die Frage seiner eigenen Erleuchtung ging, blieb der Meister immer sehr zurückhaltend, obgleich die Schüler mit allen Mitteln versuchten, ihn zum Sprechen zu bewegen.
Das einzige, was sie über dieses Thema erfuhren, war das, was der Meister einmal zu seinem jüngsten Sohn sagte, der wissen wollte, wie seinem Vater zumute war, als er erleuchtet wurde. Die Antwort lautete: „Wie einem Narren."
Als der Junge fragte, warum, hatte der Meister geantwortet: „Nun, Sohn, es war, als ob man sich große Mühe gegeben hätte, in ein Haus einzubrechen, indem man eine Leiter erkletterte und ein Fenster einschlug, um später festzustellen, dass die Haustür offen war."

Sehen

„Was nützt ein Meister?", fragte jemand.
Da sagte der Schüler: „Dich zu lehren, was du immer gewusst hast, und dir zu zeigen was du immer gesehen hast."
Als dies den Besucher verwirrte, sagte der Schüler: „Ein Künstler lehrte mich mit seinen Gemälden, den Sonnenuntergang sehen. Der Meister hat mich durch das, was er sagte, dazu gebracht, die Wirklichkeit jedes Augenblickes zu sehen."

Hören

Als ein Mann, dessen Ehe nicht gut ging, seinen Rat suchte, sagte der Meister: „Du musst lernen, deiner Frau zuzuhören."
Der Mann nahm sich diesen Rat zu Herzen und kam nach einem Monat zurück und sagte, er habe gelernt, auf jedes Wort, das seine Frau sprach, zu hören.
Da sagte der Meister mit einem Lächeln: „Nun geh nach Hause und höre auf jedes Wort, das sie nicht sagt."

Genießen

Von einer Reise zurückgekehrt, erzählte der Meister von einer Begebenheit, die er für ein Gleichnis des Lebens hielt. Während eines kurzen Aufenthalts war er an einen einladend aussehenden Essensstand gegangen, an dem köstliche Suppen, heißer Curry und alle möglichen verlockenden Gerichte angeboten wurden. Er bestellte eine Suppe. „Gehören Sie zu dem Bus?“, fragte die Bedienung. Der Meister nickte. „Es gibt keine Suppe.“ „Dann bitte heißen Curry mit gedämpftem Reis“, bat der Meister irritiert. „Nein, wenn Sie zum Bus gehören. Sie können belegte Brote haben. Ich habe den ganzen Morgen gebraucht, um diese Speisen zuzubereiten, und Sie haben kaum zehn Minuten Zeit zum Essen. Ich möchte Sie kein Gericht verzehren lassen, für das Sie nicht die Zeit haben, es zu genießen.

Privataudienz

Als der Meister gefragt wurde, warum Sehen so schwierig sei, erzählte er diese Begebenheit: „Nach der Rückkehr von einer Reise nach Europa wurde Sam, der in einem Geschäft für Herrenunterwäsche arbeitete, von seine Kollegen wissbegierig gefragt: ‚Konntest du einen Ausflug nach Rom machen?'
‚Ja, selbstverständlich.'
‚Und hast du den Papst gesehen?'
‚Den Papst gesehen? Ich hatte eine Privataudienz bei ihm!'
‚Was du nicht sagst', rief sein Kollege aus und machte große Augen. ‚Wie sieht er aus?'
‚Ach, ich würde sagen, er hat Größe sechsunddreißigeinhalb', sagte Sam."

Abenteuer

„Warum reisen Sie so wenig?“ fragte ein Reporter. „Das Gesicht nur eines Menschen oder nur ein Ding jeden Tag des Jahres anzusehen und dabei immer auf etwas Neues zu stoßen, ist ein weitaus größeres Abenteuer, als irgendeine Reise bieten kann“, erwiderte der Meister.

Drinnen und draußen

„Warum ist hier jeder glücklich außer mir?“
„Weil die Menschen hier gelernt haben, überall Güte und Schönheit zu sehen“, sagt der Meister.
„Warum sehe ich nicht überall Güte und Schönheit?“
„Weil du draußen nicht etwas sehen kannst, was du in deinem Inneren nicht siehst.“

Zwei Gaben

„Was muss ich tun, um erleuchtet zu sein?“ fragte der wissbegierige Schüler.
„Die Wirklichkeit so sehen, wie sie ist“, erwiderte der Meister.
„Gut, und was muss ich tun, um die Wirklichkeit so zu sehen, wie sie ist?“
Der Meister lächelte und sagte: „Ich habe gute Nachricht und schlechte Nachricht für dich, mein Freund.“
„Was ist die schlechte Nachricht?“
„Es gibt nichts, was du tun kannst, um zu sehen – es ist eine Gabe.“
„Und was ist die gute Nachricht?“
„Es gibt nichts, was du tun kannst, um zu sehen – es ist eine Gabe.“

Stufen der Erleuchtung

„Es gibt drei Stufen in der geistigen Entwicklung eines Menschen", sagte der Meister. „Die sinnliche, die geistige und die göttliche." „Was versteht man unter sinnlicher Stufe?", fragten die interessierten Schüler.
„Das ist die Stufe, auf der Bäume als Bäume und Berge als Berge angesehen werden."
„Und die geistige?" „Auf ihr sieht man tiefer in die Dinge hinein, dann sind Bäume nicht mehr Bäume und Berge nicht länger Berge."
„Und die göttliche?" „Nun, das ist die Erleuchtung", sagte der Meister mit leisem Lachen, „wenn Bäume wieder zu Bäumen und Berge wieder zu Bergen werden."

Licht

Zu einem übertrieben respektvollen Schüler sagte der Meister: „Licht spiegelt sich auf einer Wand wider. Warum die Wand verehren? Sei aufmerksam gegenüber dem Licht."

2

KOMM ZU DIR, SEI DER DU BIST

Die wichtigste Frage

Eines Tages fragte der Meister: „Was haltet ihr für die wichtigste religiöse Frage?"
Er erhielt viele Antworten: „Gibt es einen Gott?" „Wer ist Gott?" „Welcher Weg führt zu Gott?" „Gibt es ein Leben nach dem Tode?"
„Nein", sagte der Meister, „die wichtigste Frage lautet: ‚Wer bin ich?'"
Die Schüler begannen zu ahnen, was er damit sagen wollte, als sie sein Gespräch mit einem Prediger mithörten. „Ihr meint also, wenn Ihr sterbt, wird Eure Seele im Himmel sein?" Prediger: „Ja." Meister: „Euer Körper wird im Grab sein?"
Prediger: „Ja" Meister: „Und wo, darf ich fragen, werdet *Ihr* sein?"

Geht in Eurer Herz

Sagte der Meister zu dem Geschäftsmann: „Wie der Fisch zugrunde geht auf dem Trockenen, so geht Ihr zugrunde, wenn Ihr Euch verstrickt in den Dingen der Welt. Der Fisch muss zurück in das Wasser. Ihr müsst zurück in die Einsamkeit."

Der Geschäftsmann war entsetzt. „Soll ich mein Geschäft aufgeben und in ein Kloster gehen?"

„Nein, nein. Behaltet Euer Geschäft und geht in Euer Herz."

Blick in dich

Der Schüler bat um ein Wort der Weisheit.
Sagte der Meister: „Geh, setz dich in deine Zelle und deine Zelle wird dich Weisheit lehren."
„Aber ich habe keine Zelle. Ich bin kein Mönch."
„Natürlich hast du eine Zelle. Blick in dich."

Augen auf

„Darf ich Eurer Schüler werden?“
„Du bist nur ein Schüler, weil deine Augen geschlossen sind. An dem Tag, an dem du sie öffnest, wirst du feststellen, dass du nichts von mir oder von jemand anderem lernen kannst.“
„Wozu ist dann ein Meister da?“
„Dir zu der Erkenntnis zu verhelfen, dass es zwecklos ist, einen zu haben.“

In dir ist das Licht

Der Meister hatte wochenlang im Koma auf seinem Totenbett gelegen. Eines Tages öffnete er die Augen und sein Blick fiel auf seinen Lieblingsschüler.
„Du verlässt nie den Platz neben meinem Bett, nicht wahr?, sagte er sanft.
„Nein, Meister, ich kann nicht."
„Warum?"
„Weil Ihr das Licht meines Lebens seid."
Der Meister seufzte. „Habe ich dich so geblendet, mein Sohn, dass du dich immer noch weigerst, das Licht in *dir* zu sehen?"

Folge deinem Herzen

Der Jünger war Jude. „Was soll ich für ein gutes Werk tun, um vor Gott zu bestehen?"
„Wie soll ich das wissen?", sagte der Meister. „Deine Bibel sagt, dass Abraham Gastfreundschaft übte, und Gott war mit ihm. Elias liebte es zu beten, und Gott war mit ihm. David herrschte über ein Königreich, und Gott war auch mit ihm."
„Gibt es einen Weg, um die eigens mir zugeteilte Arbeit zu erkennen?"
„Ja. Suche nach dem tiefsten Verlangen deines Herzens und folge ihm."

Dein Selbst

Der Meister erzählte einmal von einer kostbaren antiken Schale, die bei einer öffentlichen Versteigerung ein Vermögen eingebracht hatte. Ein Landstreicher, der in Armut gestorben war, hatte damit um Almosen gebettelt, ohne ihren Wert zu ahnen.
Als ein Schüler den Meister fragte, was die Schale bedeuten sollte, sagte der Meister: „Dein Selbst."
Man bat ihn, das näher zu erklären. Er sagte: „Ihr verschwendet eure Aufmerksamkeit auf Kleinkram, den ihr als Wissen bei Lehrern und aus Büchern sammelt. Ihr tätet besser, die Schale zu betrachten, in der ihr dieses Wissen aufnehmt."

Das Leder und der Schuh

Ein erwartungsvoller Besucher war wenig beeindruckt von den banalen Worten, die der Meister an ihn richtete.
„Ich kam hierher auf der Suche nach einem Meister“, sagte er zu einem Schüler. „Und ich finde nur einen Menschen, der sich in nichts von einem anderen unterscheidet.“
Sagte der Schüler: „Der Meister ist ein Schuhmacher mit einem unendlichen Vorrat an Leder. Aber das Zuschneiden und Zusammennähen nimmt er nach dem Abmessen Eures Fusses vor.“

Da liegt das Problem

Kennen Sie die Wurzel der meisten Probleme? Halten Sie sich fest. Sie! Die anderen? Nein! Sie sind es, Sie selbst. *Sie* haben Schwierigkeiten? *Sie* sind die Ursache dafür. Wie kann das sein, dass Sie davon betroffen sind?

Sie kommen zu mir und sagen: „Doktor, ich habe Magenkrämpfe. Es ist schlimm, wirklich ganz schlimm."

Und ich als Ihr Arzt sage zu Ihnen: „Wissen Sie was, ich verschreibe Ihrer Frau ein Medikament."

Und Sie antworten mir: „Vielen Dank, Doktor, jetzt geht es mir gleich besser."

Ist das nicht verrückt? Wer hat denn die Schwierigkeiten? Sie oder Ihre Frau? Aber wir sind so erzogen worden, dass wir immer denken, die anderen müssten sich ändern.

Werde frei

„Gibt es so etwas wie soziale Befreiung?"
„Natürlich gibt es die", sagte der Meister.
„Wie würdest du sie beschreiben?"
„Befreiung von dem Bedürfnis, zur Herde zu gehören", antwortete der Meister.

Werde erwachsen

Zu einem Schüler, der ständig am Beten war, sagte der Meister: „Wann wirst du aufhören, dich auf Gott zu stützen und lernen, auf eigenen Füßen zustehen?"
Der Schüler war ganz erstaunt: „Aber gerade Ihr habt uns gelehrt, Gott als unseren Vater anzusehen!"
„Wann wirst du lernen, dass ein Vater nicht jemand ist, der dich von deinem Anlehnungsbedürfnis befreit?"

3

FOLGE DEM FLUSS DES LEBENS

Die Gefahr des Ertrinkens

Die Schüler saßen am Ufer eines Flusses. „Wenn ich jetzt den Hang hinunterfalle, muss ich dann ertrinken?“, fragte einer der Schüler. „Nein“, sagte der Meister. „Nicht wenn du in den Fluss hineinfällst, musst du ertrinken; wenn du drin bleibst.“

Die Geschmeidigkeit des Schwimmers

Für alle fest Überzeugten – ganz gleich, ob ihre Überzeugungen auf religiösem, politischem oder ökonomischem Gebiet lagen – hatte der Meister diese eine Botschaft:
„Was Sie brauchen ist nicht Sicherheit, sondern den Wagemut des Spielers; nicht festen Boden unter den Füßen, sondern die Geschmeidigkeit des Schwimmers.“

Spiritualität für Nichtschwimmer

„Bei der Spiritualität zählt nicht die Anstrengung“, sagte der Meister, „sondern die Ergebung.“ Und er fuhr fort: „Wenn du ins Wasser fällst und nicht schwimmen kannst, erfasst dich panische Angst und du sagst dir: ‚Ich darf nicht untergehen.‘ Du fängst mit Armen und Beinen zu schlagen an, und in der Erregung schluckst du immer mehr Wasser und ertrinkst schließlich. Würdest du statt dessen deine Gedanken und Anstrengungen aus dem Spiel lassen und es zulassen, auf den Grund abzusinken, käme dein Körper von selbst an die Oberfläche zurück ... Das ist Spiritualität!“

Tausendfüßler und Eichhörnchen

Der Meister erzählte dem Prediger eine Parabel: Ein Tausendfüßler ging zu einer alten, weisen Eule und klagte über Gicht. Jedes einzelne seiner vielen Beine tat ihm weh. „Was lässt sich dagegen tun?“

Nachdem die Eule gründlich nachgedacht hatte, gab sie dem Tausendfüßler den Rat, ein Eichhörnchen zu werden. Mit nur vier Beinen wären 960 Promille seiner Schmerzen beseitigt.

Da sagte der Tausendfüßler: „Eine glänzende Idee! Jetzt sag mir nur noch, wie ich ein Eichhörnchen werden kann.“

„Plag mich nicht damit“, erwiderte die Eule. „Ich zeige nur den Ausweg.“

Ein sicheres Fundament

„Ich sehne mich nach einem festen Grund, einem sicheren Fundament für mein Leben."
„Sieh es doch so an", sagte der Meister. „Was ist der feste Grund für den Zugvogel, der Kontinente überquert? Was ist das sichere Fundament für den Fisch, der vom Fluss in das Meer getragen wird?"

Beschleunigung

„Gibt es wirklich nichts, womit Erleuchtung zu erlangen ist?"
„Schon", sagte der Meister scherzhaft, „du kannst es wie die alte Frau machen, die sich gegen die Wagonwand stemmte, um die Geschwindigkeit des Zuges zu beschleunigen."

Gegensätzliche Richtungen

Eines Tages stand der Meister dem Prediger gegenüber, der von keinen Zweifeln in seinen Überzeugungen geplagt war und sich selbstgerecht in seinen guten Werken sonnte.
Der Meister sagte ihm: „Mein Freund, ich habe manchmal das Gefühl, wenn du einmal sterben wirst, stirbst du, ohne jemals gelebt zu haben – es wird so sein, als wäre das Leben an dir vorbeigegangen.“ Und nach einer kurzen Pause fügte der Meister hinzu: „Nein, schlimmer als das: Das Leben und du, ihr seid in gegensätzlichen Richtungen verlaufen.“

Dazwischen

„Mein früherer Meister lehrte mich, Geburt und Tod anzunehmen."
„Warum bist du dann zu mir gekommen?", fragte der Meister.
„Zu lernen, das anzunehmen, was dazwischen liegt."

Altersstarre

„Himmel, bist du aber gealtert!" rief der Meister, als er sich mit einem Jugendfreund unterhalten hatte.
„Man kann nun mal nichts tun gegen das Altern, oder?" sagte der Freund.
„Nein, das kann man nicht", stimmte der Meister zu, „aber man muss vermeiden, alt zu werden."

In allen Dingen

„Wo werde ich einen würdigen Meister finden, wenn ich in meine Heimat zurückkehre?"
„Es gibt keinen einzigen Augenblick, in dem du ohne Meister bist."
Der Schüler war irritiert.
„Beobachte einfach deine Reaktion auf alles – einen Vogel, ein Blatt, eine Träne, ein Lächeln –, und du wirst in allen Dingen deinen Meister finden."

Wachstum

Stets überließ der Meister jedem, das Tempo der eigenen Entwicklung zu bestimmen. Man wusste, dass er nie „antrieb". Er erklärte das mit folgendem Gleichnis: Ein Mensch sah zu, wie ein Schmetterling sich anstrengte, aus seiner Puppe zu schlüpfen. Es ging ihm nicht schnell genug, also begann er, sanft darauf zu blasen. Sein warmer Atem beschleunigte tatsächlich den Prozess. Aber was herauskroch, war nicht ein Schmetterling, sondern eine Kreatur mit übel zugerichteten Flügeln. „Einen Wachstumsprozess", schloss der Meister, „kann man nicht beschleunigen, man kann ihn nur abbrechen."

Wachsamkeit

„Kann ich selbst irgendetwas tun, um erleuchtet zu werden?"
„Genauso wenig wie du dazu beitragen kannst, dass die Sonne morgens aufgeht."
„Was nützen dann die geistigen Übungen, die Ihr vorschreibt?"
„Um sicherzugehen, dass du nicht schläfst, wenn die Sonne aufgeht."

Identität

„Wie sucht man Einheit mit Gott?"
„Je mehr du suchst, umso größer wird die Entfernung zwischen Ihm und dir."
„Wie überwindet man diese Entfernung?"
„Begreife, dass sie nicht wirklich vorhanden ist."
„Bedeutet das, Gott und ich sind eins?"
„Nicht eins, nicht zwei."
„Wie ist das möglich?"
„Die Sonne und ihr Licht, der Ozean und die Welle, der Sänger und sein Lied – nicht eins. Nicht zwei."

Entfaltung

Einem Schüler, der seine Grenzen beklagte, sagte der Meister: „Du hast in der Tat deine Grenzen. Aber hast du bemerkt, dass du heute Dinge tun kannst, die du vor fünfzehn Jahren für unmöglich gehalten hättest? Was hat sich geändert?"

„Meine Begabungen haben sich geändert."

„Nein, du hast dich geändert."

„Ist das nicht dasselbe?"

„Nein, du bist das, wofür du dich hältst. Als sich dein Denken änderte, hast du dich geändert."

4

LASS LOS UND LEBE GELASSEN

Nicht klammern

„Wie soll ich mich von Angst befreien?"
„Wie kannst du dich von etwas befreien, an das du dich klammerst?"
„Ihr meint, ich klammerte mich tatsächlich an meine Ängste? Das finde ich nicht."
„Überlege, wovor dich deine Ängste schützen und du wirst mir zustimmen! Und du wirst deine Torheit erkennen."

Häng dich an nichts

Halte dir jeden Morgen beim Aufwachen vor Augen, dass du den morgigen Tag vielleicht nicht mehr erleben wirst. Wenn du das tust, genießt du jeden Tag anders.
Denke an den Tod, und du fängst erst richtig zu leben an. Wir denken gewöhnlich nicht an den Tod. Das ist der Grund, weshalb wir uns an Gegenstände und Personen klammern und schließlich ein elendes Leben führen, weil wir ständig Angst haben, etwas zu verlieren.
Hänge dich an nichts im Leben. Freue dich an allem, während es dir vergönnt ist; aber denke immer daran, dass du es eines Tages zurücklassen musst. Du kannst nichts mitnehmen. Ist es das ganze Elend wert, das wir beim Versuch, es zu behalten, durchmachen?

Befreiung

„Wie soll ich Befreiung erlangen?"
„Finde heraus, wer dich festgehalten hat", sagte der Meister.
Nach einer Woche kehrte der Schüler zurück und sagte: „Niemand hat mich festgehalten."
„Warum möchtest du dann befreit werden?"
Für den Schüler war das ein Augenblick der Erleuchtung. Plötzlich wurde er frei.

Lass fallen

Schüler: „Ich bin zu Euch gekommen mit nichts in den Händen."
Meister: „Dann lass es sofort fallen."
Schüler: „Aber wie kann ich es fallen lassen? Es ist nichts."
Meister: „Dann musst du es eben mit dir herumtragen!"

Du kannst dein Nichts zu einem Besitz machen und deinen Verzicht wie eine Trophäe herumzeigen. Deinen Besitz brauchst du nicht aufzugeben. Gib dein Ego auf.

Gefängnis

„Du bist so stolz auf deine Intelligenz", sagte der Meister zu einem Jünger. „Du bist wie der Verurteilte, der stolz ist auf die Größe seiner Gefängniszelle."

Meisterwerk

Einem Schüler, der um Weisheit bat, sagte der Meister: „Versuch folgendes: schließ die Augen und stell dir vor, du und alle Lebewesen werden in einen Abgrund geschleudert. Jedes Mal, wenn du dich an etwas klammerst, um nicht zu fallen, mach dir klar, dass es gleichfalls fällt ..." Der Schüler versuchte es und war nie mehr derselbe.

Spiel und Geschmack

Der Meister verlangte von denen, die seine Schüler werden wollten, ernsthafte Entschlossenheit. Aber er schalt seine Schüler, wenn sie sich in geistigem Streben überanstrengten. Er wollte unbeschwerten Ernst oder ernste Unbeschwertheit – ähnlich einem Sportler in einem Spiel oder einem Schauspielers in einem Theaterstück.

Und viel viel Geduld. „Forciert getriebene Blumen haben keinen Duft", pflegte er zu sagen. „Forciert gereifte Früchte verlieren ihren Geschmack."

Gelassenheit

„Gibt es Wege, die eigene Stärke zu messen?"
„Viele."
„Nennt uns einen."
„Findet heraus, wie oft ihr euch im Laufe eines einzigen Tages aufregt."

Manipulation

Der Meister hörte geduldig die Klagen einer Frau über ihren Mann an.
Schließlich sagte er: „Eure Ehe wäre glücklicher, meine Liebe, wenn du eine bessere Ehefrau wärest."
„Und wie könnte ich das sein?"
„Indem du dich nicht länger anstrengst, ihn zu einem besseren Ehemann zu machen."

Unerreichbar

„Nenn mir einen praktischen, hier auf Erden greifbaren Nutzen der Spiritualität“, sagte der Skeptiker, der Lust auf einen Disput hatte. „Zum Beispiel diesen“, sagte der Meister: „Wenn dich jemand beleidigt, kannst du deinen Geist in Höhen erheben, wohin Beleidigungen nicht gelangen können.“

Von selbst

„Eines Tages wirst du begreifen, dass du nach dem suchst, was du schon hast“, sagte der Meister zu seinem eifrigen Schüler.
„Warum sehe ich es dann nicht jetzt?“
„Weil du dich darum bemühst.“
„Muss ich mich also nicht anstrengen?“
„Wenn du dich entspannst und ihm Zeit lässt, wird es sich selbst zu erkennen geben.“

Keine Eile

Die Besucher waren immer wieder von der Ruhe und Muße des Meisters beeindruckt. „Ich habe gar nicht die Zeit, um in Eile zu sein“, konnte er sagen.

Nicht zu Fuß

„Warum ist es für einen Reichen so schwer, in das Himmelreich einzugehen?“
Als Antwort erzählte der Meister die Geschichte von einem Mann, der in seiner Limousine vor einem Hotel vorfuhr und dann auf einer Tragbahre in sein Zimmer gebracht wurde. Der Hoteldiener glaubte, der Mann sei gelähmt, und schaute fragend dessen Frau an. „Er ist sehr reich“, sagte sie, „er braucht nicht zu Fuß zu gehen.“

Akzeptanz

„Wie kann ich mich verändern?"
„Du bist du selbst, deshalb kannst du dich selber ebensowenig verändern, wie du deinen Füßen davonlaufen kannst."
„Gibt es also nichts, was ich tun kann?"
„Du kannst dies begreifen und akzeptieren."
„Wie werde ich mich ändern, wenn ich mich selbst akzeptiere?"
„Wie willst du dich ändern, wenn du dich nicht akzeptierst? Was du nicht akzeptierst, änderst du nicht, du schaffst höchstens, es zu unterdrücken."

Friede

„Was ist die Ursache des Bösen?“
„Unwissenheit“, sagte der Meister.
„Und wie wird sie beseitigt?“
„Nicht durch Anstrengung, sondern durch Licht; durch Verstehen, nicht durch Handeln.“
Und nach einer Weile fügte der Meister hinzu: „Das Zeichen des Erleuchtetseins ist Friede – du hörst auf zu fliehen, sobald du erkennst, dass du nur von den Trugbildern verfolgt wirst, die deine Ängste erfunden haben.“

Ruhiges Herz

Der Meister zitierte einmal den berühmten Satz aus der „Bhagavadgita“, in dem der Herr den Jünger anspornt, sich in die Schlacht zu stürzen und ein ruhiges Herz zu Füßen der Lotusblume des Herrn zu bewahren.
Ein Schüler fragte: „Wie kann ich das erreichen?“
Sagte der Meister: „Entschließe dich dazu, mit *jedem* Ergebnis deiner Anstrengungen zufrieden zu sein.“

Ruhig sitzen

„Das Glück ist ein Schmetterling", sagte der Meister. „Jag ihm nach, und er entwischt dir. Setz dich hin, und er lässt sich auf deinen Schultern nieder."
„Was soll ich also tun, um das Glück zu erlangen?"
„Hör auf, hinter ihm her zu sein."
„Aber gibt es nichts, was ich tun kann?"
„Du könntest versuchen, dich ruhig hinzusetzen, wenn du es wagst."

Keine Sorgen

Es war einmal ein großer Zenmeister, von dem man sagte, er habe die Erleuchtung erlangt. Eines Tages sagten seine Schüler zu ihm: „Meister, was hat dir die Erleuchtung gebracht?"
Und er antwortete: „Nun, ich will euch dazu Folgendes sagen: Vor meiner Erleuchtung war ich niedergeschlagen. Nach der Erleuchtung war ich immer noch niedergeschlagen."
Rätselhaft, oder? Die Niedergeschlagenheit hat sich nicht verändert, nur seine Haltung dazu. Er sagt nicht mehr: „Ich werde erst glücklich sein, wenn die Niedergeschlagenheit weggeht."
Denn so seltsam es klingen mag, man kann sehr wohl heiter, gelassen und glücklich sein, auch wenn man deprimiert ist. Man kämpft nicht dagegen, man macht sich keine Sorgen, man regt sich nicht auf. Man ist gelassen. Das ist der Unterschied.

5

MACH ERFAHRUNGEN, LEBE SELBST

Der Pudding

Ehe der Besucher eventuelle Schülerschaft diskutierte, verlangte er von seinem Meister Zusicherungen.
„Könnt Ihr mich lehren, was das Ziel eines Menschenlebens ist?" „Das kann ich nicht."
„Könnt Ihr mir das Wesen des Todes erklären und eines Lebens jenseits des Grabes?" „Das kann ich nicht." Der Besucher ging zornig davon. Die Schüler waren betreten, dass ihr Meister eine so schlechte Figur gemacht hatte. Da sagte der Meister tröstend: „Was nützt es, die Essenz des Lebens zu verstehen und seinen Sinn zu begreifen, wenn ihr es nie gekostet habt? Mir ist es lieber, ihr esst euren Pudding, als dass ihr darüber spekuliert."

Das Haschee

„Was ist an diesem Menschen so originell?“, fragte ein Gast. „Alles, was er dir gibt, ist ein Haschee von Geschichten, Sprichwörtern und Aussprüchen anderer Meister.“
Eine Schülerin lächelte. „Eine Freundin hatte einmal eine Köchin“, sagte sie, „die das wunderbarste Haschee der Welt zubereiten konnte. Die fragte ich einmal: „Wie um alles in der Welt bereiten Sie das Haschee zu? Sie müssen mir das Rezept geben.“
Die Köchin strahlte vor Stolz, und das war ihre Antwort: „Also, Madam, ich will es Ihnen sagen: Das Fleisch ist es nicht, aber wenn ich mich selbst in das Haschee hineingebe – das ist’s, was es zu dem macht, was es ist.“

Wo bist DU?

Ein Tourist, der im Tempel die Bilder früherer Meister betrachtete, fragte: „Sind noch Meister auf der Erde zurückgeblieben?“
„Einen gibt es“, sagte der Führer. Der Tourist bat um Audienz bei dem Meister und begann mit der Frage: „Wo findet man heute die großen Meister?“
„Reisender“, rief der Meister.
„Sir! Antwortete der Tourist ehrerbietig.
„Wo bist DU?“

Überleben

Im Einklang mit seiner Lehre, dass nichts zu ernst genommen werden sollte, auch nicht sein eigener Unterricht, erzählte der Meister gern folgende Geschichte von sich: „Mein allererster Schüler war so schwach, dass die Übungen ihn umbrachten. Mein zweiter Schüler machte sich selbst verrückt, weil er die Übungen, die ich ihm gab zu streng befolgte. Mein dritter Schüler lähmte seinen Verstand durch zu viel Kontemplation. Aber dem vierten gelang es, gesund zu bleiben."
„Und zwar wie?", pflegte dann unweigerlich jemand zu fragen.
„Möglicherweise, weil er sich als einziger weigerte, die Übungen durchzuführen."
Des Meisters Worte gingen stets in lautem Gelächter unter.

Perlen der Weisheit

Der Meister hatte nicht viel Sinn für gelehrte Vorträge. Er nannte sie „Perlen der Weisheit."
„Aber wenn es Perlen sind, warum verachtet Ihr sie dann?", fragten die Schüler.
„Habt ihr je gehört, dass Perlen wachsen, wenn man sie in den Boden pflanzt?", lautete die Antwort.

Schwarz und weiß

Er war ein religiöser Schriftsteller und an des Meisters Ansichten interessiert. „Wie entdeckt man Gott?"
Sagte der Meister scharf: „Indem man das Herz durch stille Meditation weiß macht, anstatt Papier mit religiösen Abhandlungen zu schwärzen." Und indem er sich an seine gelehrten Schüler wandte, fügte er neckend hinzu: „Oder indem man durch hochgeistige Konversation dicke Luft macht."

Das Licht in dir

Einem Schüler, der ständige Antworten von ihm erwartete, sagte der Meister: „Du hast in dir eine Antwort auf jede Frage, die du stellst – wenn du nur wüsstest, wie du sie suchen sollst." Und an einem anderen Tag sagte er: „Im Lande des Geistes kann man nicht bei dem Licht der Lampe eines anderen gehen. Du willst dir meine ausleihen. Ich möchte dich jedoch lieber lehren, wie du deine eigene herstellen kannst."

Wahrheit

Einem Besucher, der behauptete, er brauche nicht nach Wahrheit zu suchen, denn er hätte die in den Glaubenssätzen seiner Religion schon gefunden, sagte der Meister: „Es war einmal ein Student, der nie ein Mathematiker wurde, weil er blind den Resultaten glaubte, die er hinten in seinem Mathematiklehrbuch fand und – die Ironie will es: Alle Resultate waren korrekt!“

Glauben

Der Meister hatte Aristoteles zitiert: „Bei der Suche nach Wahrheit wäre es besser, ja tatsächlich unumgänglich, das aufzugeben, was uns am liebsten ist." Und für das Wort „Wahrheit" setzte er „Gott". Später sagte ein Schüler zu ihm: „Ich bin bereit, auf der Suche nach Gott, alles aufzugeben: Reichtum, Freunde, Familie, Land, ja das Leben selbst. Was kann ein Mensch sonst noch aufgeben?" Der Meister erwiderte ruhig: Die eigenen Glaubenssätze über Gott."
Der Schüler ging traurig fort, denn er hing an seinen Überzeugungen. Er fürchtete „Unwissenheit" mehr als den Tod.

Wörter

Die Schüler waren in eine Diskussion vertieft über den Ausspruch Lao-Tses: „Der Wissende redet nicht, der Redende weiß nicht."
Als der Meister dazukam, fragten sie ihn, was die Worte genau bedeuteten.
Sagte der Meister: „Wer von euch kennt den Duft einer Rose?"
Alle kannten ihn.
Dann sagte er: „Kleidet ihn in Worte."
Alle schwiegen.

Nicht-Erfahrung

Während einer Diskussion über Gotteserfahrung sagte der Meister. „Wenn Gott erfahren wird, verschwindet das Selbst. Wer also wird den Prozess durchführen?"
„Ist Gottes-Erfahrung also eine Nicht-Erfahrung?"
„Sie ist wie der Schlaf", sagte der Meister, „und der wird nur erfahren, wenn er zu Ende ist."

Nie wieder

Es sagte ein verlassener Liebender: „Ich habe mir einmal die Finger verbrannt, ich verliebe mich nie wieder." Und der Meister sagte: „Du bist wie die Katze, die sich verbrannt hat, weil sie auf dem Herd saß, und sich jetzt weigert, jemals wieder zu sitzen."

Das Experiment

Der Meister bestand stets darauf, dass wir aus eigenem Antrieb lernen und uns weiterbilden und uns nicht so sehr auf Weisungen anderer verlassen. Das habe natürlich seine Grenzen, so z.B. wenn ein gescheiter junger Bursche überzeugt sei, Drogen wären ein Weg zur Mystik und man müsse eben „das Risiko eingehen“, denn lernen könne man nur „durch Ausprobieren“.

Das veranlasste den Meister, die alte Geschichte von Nagel und Schraube zu erzählen. „Es gibt eine Möglichkeit, herauszufinden, ob man für ein Brett einen Nagel oder eine Schraube braucht: Man schlage den Nagel ein, wenn das Brett zersplittert, weiß man, dass eine Schraube am Platze gewesen wäre.“

Definitionen

Der Meister war von modernen Erfindungen auf kindliche Weise fasziniert. Als er einen Taschenrechner sah, konnte er sich vor Erstaunen kaum fassen. Später sagte er nachsichtig: „Viele Leute scheinen solche kleinen Taschenrechner zu haben, aber nichts in ihren Taschen, das eine Berechnung lohnte."
Wochen später, als ihn ein Besucher fragte, was er seine Schüler lehrte, sagte er: „Die Prioritäten richtig zu setzen: es ist besser, Geld zu haben, als es zu berechnen, besser, die Erfahrung zu machen, als sie zu definieren."

Der Esel und das Wort

Der Meister pflegte zu behaupten, Wort und Begriff ‚Gott' seien letzten Endes das Hindernis, dass wir Gott nicht erreichten. Der örtliche Priester wurde darüber so wütend, dass er beleidigt zu dem Meister kam, um die Angelegenheit zu diskutieren.

„Aber das Wort ‚Gott' kann uns doch wohl zu Gott hinführen?", sagte der Priester.

„Das kann es", sagte der Meister ruhig.

„Wie kann etwas helfen und doch Hindernis sein?"

Da sagte der Meister: „Der Esel, der dich bis zur Tür bringt, taugt nicht, dich in das Innere des Hauses zu transportieren."

Wie Musik

Der Meister trat entschieden für „Gedanken-freie“, „Erkenntnis-lose“ Kontemplation ein als einen Weg, die Wirklichkeit zu erkennen.
„Wie kann man die Wirklichkeit erkennen im Nicht-Erkennen?“ fragte ein Schüler.
„In der Weise, in der man Musik erkennt“, sagte der Meister.

Vermittlung

„Warum brauchst du einen Meister?“ fragte ein Besucher einen Schüler.

„Wenn Wasser erhitzt werden soll, bedarf es eines Gefäßes als Mittler zwischen dem Feuer und ihm selbst“, war die Antwort.

6

KOMM INS TUN –
LASS DIE HEKTIK

Bedingung

Ein nicht übertrieben eifriger Schüler klagte, er habe noch nie die Stille kennengelernt, die der Meister stets empfahl. Ihm sagte der Meister: „Stille erfahren nur aktive Menschen."

Bewegung

Den Schülern, die stets nach Worten der Weisheit verlangten, sagte der Meister: „Weisheit wird nicht in Worten ausgedrückt, sie offenbart sich im Handeln."
Aber als er sah, wie sie sich Hals über Kopf in Betriebsamkeit stürzten, lachte er laut und sagte: „Das ist nicht Handeln, das ist Bewegung."

Einbeinig

Der Meister pflegte über jene Schüler zu lachen, die endlos überlegten, ehe sie sich zu etwas entschlossen.
Er charakterisierte sie so: „Leute, die *alles* bedenken, ehe sie einen Schritt tun, werden ihr Leben auf einem Bein verbringen."

Mechanismus

Der Meister fragte einmal seine Schüler, was wichtiger sei, Weisheit oder Handeln.
Einstimmig sagten die Schüler: „Natürlich Handeln. Was nützt Weisheit, die sich nicht im Handeln zeigt?"
Da sagte der Meister: „Und was nützt Handeln, das aus einem unerleuchteten Herzen hervorgeht?"

Mitarbeit

Der Prediger bestritt leidenschaftlich die Lehre des Meisters, dass es nichts gebe, was wir tun könnten, um erleuchtet zu werden.
Sagte der Meister: „Aber du bist es doch, oder nicht, der predigt, dass alles ein Geschenk Gottes ist, dass all unser Gutsein seine Gnade ist?"
„Ach, wie der Mann, der Holz hackte und seinen kleinen Sohn bat, er möge ihm helfen und ihm das Stöhnen abnehmen", sagte der Meister vergnügt zu seinen Schülern.

Widerspruch

„Was soll ich tun, um Gott zu erreichen?"
„Wenn du Gott erreichen willst, musst du zwei Dinge wissen. Erstens, dass alle Bemühungen, ihn zu erreichen, vergeblich sind."
„Und zweitens?"
„Du musst handeln, als ob du das erste nicht wüsstest."

Das Tun

„Was muss ich tun, um das Göttliche zu erreichen?"
„Das Göttliche ist nichts, was sich durch Tun erreichen lässt; man nimmt es durch Sehen wahr."
„Was ist dann die Funktion des Tuns?"
„Das Göttliche auszudrücken und nicht, es zu erreichen."

Theorie und Praxis

Ein Reisender auf der Suche nach dem Göttlichen fragte den Meister, wie er einen wahren Lehrer von einem falschen unterscheiden könnte, wenn er in seine Heimat zurückgekehrt sei.
Sagte der Meister: „Ein guter Lehrer bietet Praxis an, ein schlechter Theorien."
„Aber wie soll ich gute Praxis von schlechter unterscheiden?"
„Auf die gleiche Weise, wie der Bauer guten Ackerbau von schlechtem unterscheidet."

Faulheit

Ein wohlhabender Industrieller sagte zu dem Meister: „Welchen Beruf übt Ihr aus?"
„Keinen", sagte der Meister.
Der Industrielle lachte verächtlich: „Ist das nicht Faulheit?"
„Du lieber Himmel, nein! Faulheit ist meistens ein Laster sehr aktiver Menschen."
Später sagte der Meister zu seinen Schülern: „Tut nichts und alle Dinge werden durch euch geschehen. Nichtstun bedeutet in Wirklichkeit sehr viel Tätigkeit – probiert es!"

Kapitulation

„Was ist das Höchste, das ein Mensch vollbringen kann?"
„In Meditation versunken sein."
„Würde das nicht zur Untätigkeit führen?"
„Es *ist* Untätigkeit."
„Ist Tätigsein also weniger wert?"
„Untätigkeit belebt das Tätigsein. Sonst wäre es tot."

Kreativität

„Was ist das Höchste, das ein Mensch vollbringen kann?“
„In Meditation versunken sein.“
Aber der Meister selbst war selten in Meditation zu sehen. Er war ständig mit Haus- und Feldarbeit beschäftigt, empfing Besucher und schrieb Bücher. Er hatte sogar die Buchhaltung des Klosters übernommen.
„Warum verbringt Ihr dann Eure Zeit mit Arbeit?“
„Wenn man arbeitet, braucht man nicht aufhören zu meditieren.“

Anfangen

Als der Meister hörte, dass ein Wald in der Nachbarschaft durch Feuer vernichtet worden war, mobilisierte er alle seine Schüler.
„Wir müssen die Zedern wieder anpflanzen“, sagte er.
„Die Zedern“, rief ein Schüler ungläubig aus, „die brauchen doch 2000 Jahre zum Wachsen.“
„In diesem Fall“, sagte der Meister, „gilt es, keine Minute zu verlieren. Wir müssen sofort damit anfangen.“

Keine Zeit

Es war einmal ein erschöpfter Holzfäller, der Zeit und Kraft verschwendete, weil er mit einer stumpfen Axt einschlug. Denn wie er sagte, habe er keine Zeit, die Schneide zu schärfen.

7

LEBE EINFACH – MENSCHSEIN IST GENUG

Groß

„Wie kann ich ein großer Mensch werden – wie Ihr?"
„Warum ein großer Mensch sein?", sagte der Meister. „Mensch sein ist schon genug Leistung."

Gewöhnlich

Der Meister missbilligte stets alles, was den Anschein des Sensationellen hatte. Das Göttliche behauptete er, finde man nur im Gewöhnlichen. Einem Schüler, der Formen der Askese zu praktizieren versuchte, die ans Groteske grenzten, sagte der Meister: „Heiligkeit ist etwas Geheimnisvolles: Je größer sie ist, desto weniger fällt sie auf."

Extravagant

Eines Tages wollten die Schüler wissen, wie jemand sein müsste, der am besten geeignet wäre, Schüler zu werden.
Die Antwort des Meisters: „Das wäre ein Mensch, der nur zwei Hemden hat, eines davon veräußert und von dem Geld eine Blume kauft."

Reichtum

„Wie könnte Spiritualität einem Weltmann wie mir helfen?“, fragte der Geschäftsmann.
„Sie wird dir helfen, mehr zu haben“, sagte der Meister.
„Wie?“
„Indem sie dich lehrt, weniger zu erstreben.“

Zufriedenheit

„Es gibt etwas, was sogar Gott nicht kann“, sagte der Meister zu einem Schüler, der fürchtete jemanden zu kränken.
„Was?“
„Er kann nicht jeden zufriedenstellen“, sagte der Meister.

Glück

Ein Geschäftsmann wollte vom Meister das Geheimnis eines erfolgreichen Lebens wissen.
Sagte der Meister: „Mach jeden Tag einen Menschen glücklich!“
Und er fügte als nachträglichen Gedanken hinzu: „Selbst wenn dieser Mensch du selbst bist.“
Nur wenig später sagte er: „*Vor allem*, wenn dieser Mensch du selbst bist.“

Unglück

Der Meister behauptete, der Hauptgrund für das Unglück in der Welt sei die geheime Befriedigung der Menschen, wenn sie sich schlecht fühlen. Er erzählte von einem Freund, der zu seiner Frau gesagt hatte: „Warum lässt du nicht alles stehen und liegen und machst dir einen schönen Tag, meine Liebe?“ „Ach, du weißt doch genau, dass ich mich niemals dabei wohl fühlen würde, mir einfach einen schönen Tag zu machen“, gab sie gereizt zur Antwort.

Lebe vor dem Tod

An jenem Tag ging es während der öffentlichen Versammlung bei allen Fragen um das Leben jenseits des Grabes.
Der Meister lachte nur und gab keine einzige Antwort.
Seinen Schülern, die wissen wollten, warum er auswich, sagte er später: „Habt ihr nicht bemerkt, dass es ausgerechnet diejenigen sind, die nichts mit diesem Leben anzufangen wissen, die ein weiteres, ewig währendes wollen?"
„Aber gibt es nun Leben nach dem Tode oder nicht?" beharrte ein Schüler.
„Ist da Leben vor dem Tod? – Das ist die Frage!" sagte der Meister hintergründig.

Das Geld und der Schatten

Es befremdete die Schüler, dass der Meister, der ein so einfaches Leben führte, seine reichen Anhänger nie verurteilte.
„Es ist selten, aber nicht unmöglich, dass jemand reich und heilig ist“, sagte er eines Tages.
„Wie?“
„Wenn Geld die gleiche Wirkung auf sein Herz hat, wie der Schatten dieses Bambus auf den Hof.“
Die Schüler drehten sich um und sahen, wie der Bambusschatten über den Hof glitt, ohne ein einziges Staubkorn aufzuwirbeln.

Nicht bei Sinnen

Sagte ein Schüler: „ Wir haben etwas anzuziehen und zu essen – wie kommen wir von all dem weg?"
„Wir essen und wir trinken", sagte der Meister.
„Ich verstehe nicht."
Wenn du nicht verstehst, dann kleide dich an und iss dein Mahl."
Später sagte er: „Du erhebst dich über etwas, dem du aus dem Wege gehst!"
Und noch später: „Leute, die sich über ein gut zubereitetes Mahl und ein gut geschnittenes Gewand erheben wollen, sind spirituell nicht bei Sinnen."

Ansehen

Auch das schärfste Auge würde an dem Meister nichts entdecken, was über den Rahmen des Gewöhnlichen hinausging. Er konnte ängstlich und niedergeschlagen sein, wenn die Umstände danach waren. Er konnte lachen und weinen und wütend werden. Er liebte ein anständiges Essen, war auch einem oder zwei Gläschen nicht abgeneigt, und man wusste sogar, dass er einer wohlgestalteten Frau gerne nachblickte. Als ein Reisender bemängelte, dass der Meister kein „heiliger Mann" sei, wies ihn ein Schüler zurecht. „Es ist eine Sache, ob ein Mann heilig ist. Auf einem ganz anderen Blatt steht, ob er Euch heilig vorkommt.

Eitelkeit

Der Meister erinnerte seine Schüler des öfteren, dass Heiligkeit genau wie Schönheit nur echt sei, wenn sie unbefangen ist.
Er zitierte gerne den Vers:

„Sie blüht, weil sie blüht,
die Rose;
fragt nicht, warum,
putzt sich auch nicht heraus,
um meinen Blick auf sich zu ziehen."

Und er erinnerte an das Sprichwort: „Ein Heiliger ist nur so lange ein Heiliger, bis er weiß, dass er einer ist."

Das Lied des Vogels

Der Meister sprach gern darüber, wie Natur und Heiligkeit ineinander verwoben sind. Er saß einmal im Garten, als er ausrief: „Sieh nur diesen fröhlichen blauen Vogel dort auf dem Ast, wie er hin und her hüpft, sein Lied in die Welt schmettert und sich uneingeschränkter Freude überlässt, weil er nichts von morgen weiß!"

Genuss

Der Besitzer eines Vergnügungsparks wies auf die Ironie hin, dass zwar die Jugend sich in seinem Park nach Kräften amüsierte, er selbst aber meistens niedergeschlagen war.
„Möchtest du lieber den Park oder das Vergnügen?", fragte der Meister.
„Ich möchte beides."
Der Meister schwieg.
Als er später darüber befragt wurde, zitierte der Meister die Worte eines Landstreichers zu einem reichen Landbesitzer: „Ihr habt den Besitz. Andere genießen die Landschaft."

Wie ein Kind

Eine Schülerin entschloss sich, dem Meister persönlichere und direktere Fragen zu stellen. „Glaubst du eigentlich an ein Leben nach dem Tod?“, wollte sie von ihm wissen.
„Merkwürdig, dass du dich an das Thema so klammerst“, sagte der Meister.
„Warum soll das merkwürdig sein?“
„Hier hast du diesen strahlenden Maientag vor dir“, erwiderte der Meister und zeigte aus dem Fenster. – „ Wie ein Kind, das sich heute zu essen weigert, weil es weiß, was es morgen geben wird. Du hast Hunger. Iss dein tägliches Brot!“

Nachhilfe

Auf der Geburtstagsfeier des Meisters lehnte ein Schüler etwas spitz ein Glas Wein ab. Auf seinem Rundgang durch den Saal lief er dem Meister in die Arme. Der zwinkerte mit den Augen und flüsterte ihm zu: „Du musst noch manches Interessante lernen, mein Freund."
„Was zum Beispiel?"
„Zum Beispiel das: Du kannst deinen Gebetsteppich mit Wein tränken, und er wird sich mit Gott vollsaugen."

Keine Anstrengung

Denjenigen Schülern, die naiv darauf vertrauten, dass sich nichts erreichen lässt ohne den entschiedenen Willen dazu, konnte der Meister sagen: „ Die besten Dinge im Leben können nicht durch Willenskraft Wirklichkeit werden." „Du kannst mit Willenskraft Essen in deinen Mund stecken, aber nicht mit Willenskraft Appetit bekommen. Du kannst dich mit Willenskraft ins Bett legen, aber nicht mit Willenskraft einschlafen. Du kannst mit Willenskraft jemandem ein Kompliment machen, aber nicht mit Willenskraft Bewunderung wecken. Du kannst mit Willenskraft ein Geheimnis mitteilen, aber nicht mit Willenskraft Vertrauen schaffen. Du kannst mit Willenskraft einen Dienst erweisen, aber nicht mit Willenskraft Liebe schenken."

Nichts tun

„Was muss ich tun, um Erleuchtung zu erlangen?"
„Nichts."
„Warum nicht?"
„Weil Erleuchtung nicht aus dem Tun kommt – *sie* geschieht."
„Dann kann sie nie erreicht werden?"
„O doch, das kann sie."
„Wie?"
„Durch Nichtstun."
„Und was soll man tun, um zum Nichtstun zu gelangen?"
„Was *tut* man, um einzuschlafen oder aufzuwachen?"

Energie

Der große chinesische Weise Tranxu sagte: „Wenn der Bogenschütze auf nichts zielt, gehört ihm seine ganze Geschicklichkeit. Wenn er auf einen bronzenen Schild schießt, ist er schon nervös. Wenn er auf einen goldenen Preis schießt, wird er blind und ist außer sich. Er sieht zwei Ziele. Seine Geschicklichkeit ist immer noch dieselbe, aber der Preis teilt sie. Er macht sich etwas daraus. Er denkt mehr ans Gewinnen als ans Schießen. Und das Bedürfnis, zu gewinnen, kostet ihn Kraft." Ist das nicht unglaublich? Wenn wir nicht gewinnen müssen, haben wir viel mehr Energie.

8

URTEILE NICHT, VERURTEILE NIEMAND

Die größte Sünde

Sagte der selbstgerechte Prediger: „Welches ist deiner Einschätzung nach die größte Sünde der Welt?" Der Meister antwortete: „Wenn jemand andere Menschen als Sünder ansieht."

Augenlider

Nachdem sich einer seiner Schüler eines Vergehens schuldig gemacht hatte, erwarteten alle, dass der Meister ihn exemplarisch bestrafen würde. Als ein voller Monat vorübergegangen war, ohne dass er etwas getan hatte, machte man dem Meister Vorwürfe: „Wir können nicht übersehen, was passiert ist. Schließlich hat uns Gott Augen gegeben."
„Ja", erwiderte der Meister, „und Augenlider".

Streifen auf den Fensterscheiben

Eine Frau beschwerte sich bei einer Freundin, die sie besuchte, dass ihre Nachbarin keine gute Hausfrau sei. „Du solltest sehen, wie schmutzig ihre Kinder sind – und ihr Haus. Es ist beinahe eine Schande, in der Nachbarschaft zu wohnen. Sieh dir bloß einmal die Wäsche an, die sie draußen auf die Leine gehängt hat. Man erkennt deutlich die schwarzen Streifen auf den Laken und den Handtüchern."

Die Freundin ging zum Fenster und sagte: „Ich glaube, die Wäsche ist ganz sauber, meine Liebe. Die Streifen sind auf deinen Fensterscheiben."

Urteilen

„Ich bin stolz darauf, den Charakter der Menschen gut beurteilen zu können."
„Ist das wirklich etwas, worauf du stolz sein kannst?" fragte der Meister.
„Oder vielleicht nicht?"
„Nein. Es gibt einen Fehler, den ein guter Richter mit einem schlechten gemeinsam hat: Er urteilt."

Verurteilen

„Wie soll ich anderen vergeben?"
„Wenn du nie verurteiltest, brauchtest du nie zu vergeben."

Klatsch

Ein Schüler bekannte seine schlechte Gewohnheit, Klatsch weiterzuerzählen.
Sagte der Meister spitz: „Weitererzählen wäre ja nicht so schlimm, wenn du nicht noch Verbesserungen daran vornähmst."

Gleichgültig

Dem Meister schien es gleichgültig zu sein, was die Menschen von ihm dachten. Als die Schüler fragten, wie er diese innere Freiheit erreicht habe, lachte er und sagte: „Bis ich zwanzig war, kümmerte es mich nicht, was die Leute von mir dachten. Nach meinem zwanzigsten Lebensjahr fragte ich mich ständig, was wohl meine Nachbarn von mir hielten. Als ich dann einen Tag älter als fünfzig war, erkannte ich plötzlich, dass sie kaum je überhaupt an mich dachten."

Kritiker

Einem fortschrittlichen Geist, den häufige Kritik entmutigte, sagte der Meister: „Hör auf die Worte des Kritikers. Er verrät, was deine Freunde vor dir verbergen."
Aber er sagte auch: „Lass dich nicht von dem, was der Kritiker sagt, niederdrücken. Noch nie wurde zu Ehren eines Kritikers ein Denkmal errichtet, wohl aber für Kritisierte."

Nächstenliebe, Feindesliebe

„Was soll ich tun, um meinen Nächsten zu lieben?"
„Hör auf, dich zu hassen."
Der Schüler grübelte lange und ernsthaft über diese Worte nach, kam dann zurück und sagte: „Aber ich liebe mich zu sehr, denn ich bin selbstsüchtig und egozentrisch. Wie kann ich mich davon befreien?"
„Sei freundlich zu dir, und dein Selbst wird zufrieden sein und dich freisetzen, deinen Nächsten zu lieben."

Die Bibel weist uns an, sowohl unsere Nächsten als auch unsere Feinde zu lieben – vermutlich deshalb, weil es sich im Allgemeinen dabei um die gleichen Leute handelt.

Einfacher

Einem Schüler, der sich ständig über andere beklagte, sagte der Meister: „Wenn du wirklich Frieden haben willst, versuche dich selbst zu ändern, nicht die anderen. Es ist einfacher, deine Füße mit Hausschuhen zu schützen, als die ganze Erde mit Teppichen auszulegen."

Östlich von Suez

Verärgert über die sich widersprechenden Worte des Meisters, schimpfte ein Philosoph aus Europa: „ Ich habe gehört, dass östlich des Suezkanals zwei sich widersprechende Aussagen gleichzeitig wahr sein können."
Der Meister amüsierte sich darüber. „Östlich von Suez", sagte er „und einen Zoll tiefer in der Wirklichkeit. Das ist der Grund, warum die Wirklichkeit ein unbegreifliches Geheimnis ist."

Die richtige Antwort

Der Meister stellte seine Schüler einmal mit der folgenden Anweisung bloß: Er gab jedem ein Blatt Papier und bat sie, darauf die Länge der Halle anzugeben, in der sie gerade waren. Fast alle vermerkten 50 Fuß, zwei oder drei fügten noch „ungefähr" hinzu.

Sagte der Meister: „Kein einziger hat die richtige Antwort gegeben."

„Wie lautet die richtige Antwort?", fragten sie.

„Die richtige Antwort lautet: *Ich weiß nicht*", erwiderte der Meister.

Buße tun

„Was für eine Buße soll ich tun angesichts des ganzen Ausmaßes meiner Vergehen?“
„Verstehe die Unwissenheit, die ihnen zugrundeliegt“, sagte der Meister.
Dann fügte er hinzu: „So wirst du die anderen wie auch dich selbst verstehen und ihnen und dir vergeben. Du wirst aufhören, nach Rache zu rufen, die du Strafe oder Buße nennst.“

Konfrontation

Eine der schlechten Auswirkungen der Religion ist nach Meinung des Meisters darin zu sehen, dass sie die Menschheit in Sekten aufgespalten hat.
Dabei erzählte er gern die Geschichte von dem kleinen Jungen, der seine kleine Freundin fragte: „Seid ihr Presbyterianer oder Anglikaner?“
„Nein“, sagte das Mädchen überlegen, „wir gehören zu einer anderen Konfrontation.“

Unpassend

Der Meister erzählte einmal von einer Frau, die ihren Zahnarzt zum dritten Mal bat, er möge ihr das Gebiss abschleifen, weil „es nicht passt".

„Wenn ich das mache, was Sie wollen, fürchte ich, passen die Zähne nicht in Ihren Mund", gab der Zahnarzt zu bedenken.

„Wer sagt denn etwas von meinem Mund?", erwiderte die Frau gereizt. „Die Zähne passen nicht in das Glas."

Und der Meister schloss: „Deine Überzeugungen mögen deinem Denken entsprechen, aber stimmen sie auch mit den Tatsachen überein?"

Arthritis

Ich kann mich an einen Fall erinnern, wo ein Pater nicht zuhörte, ein Gemeindepfarrer. Ein Mann kommt zu ihm, und er liest in der Zeitung und will nicht gestört werden. Der Mann sagt: „Entschuldigen Sie, Pater." Der Pater ignoriert ihn, aber der Mann versucht es noch mal: „Entschuldigen Sie, Pater." Der Pater sagt: „Was ist denn?" Und er fragt ihn: „Könnten Sie mir sagen, wovon man Arthritis kriegt?" Der gereizte Pater sagt: „Arthritis? Vom Alkohol trinken. Vom Umgang mit liederlichen Frauen. Und natürlich vom Kartenspielen, davon kriegt man Arthritis. Wieso fragen Sie?" Und der Mann sagt: „Weil in Ihrer Zeitung steht, der Heilige Vater leide unter Arthritis."

Nachtclub

Zum Thema der moralischen Erziehung von Kindern wusste der Meister einmal zu sagen: „Als ich noch nicht zwanzig war, warnte mich mein Vater vor bestimmten Orten in der Stadt. Er sagte: ‚Geh niemals in einen Nachtclub, mein Sohn!‘ ‚Warum nicht, Vater?‘, wollte ich wissen.

‚Weil du dort Dinge siehst, die du besser nicht sehen solltest.‘ Das weckte natürlich meine Neugierde, und bei der nächsten Gelegenheit ging ich in einen Nachtclub."

Die Schüler fragten: „Und hast du etwas gesehen, was du nicht sehen solltest?"

„Natürlich", sagte der Meister. „Meinen Vater."

Wie es mir gefällt

Gestern habe ich eine Geschichte von einer Frau gelesen, die ihren Teenagersohn fragte: „Was sieht Mary in dir? Was gefällt ihr an dir?"
Und er antwortete: „Mary gefällt an mir, a) dass ich gut aussehe, b) dass ich intelligent bin und c) dass es lustig ist, mit mir zusammen zu sein."
Da fragte ihn seine Mutter: „Und was gefällt dir an Mary?"
„Dass sie mich für intelligent, gut aussehend und lustig hält."

9

ÄNDERE DIE PERSPEKTIVE

Mangelhaft

„Wie deine Erkenntnis ist, so wird auch dein Handeln sein. Was du ändern musst, ist nicht dein Handeln, sondern deine Sichtweise."
„Was muß ich tun, um die zu ändern?"
„Nichts weiter als verstehen, dass dein gegenwärtiges Sehen mangelhaft ist."

Weiter entfernt

Um seinen wiederholten Lehrsatz „Du siehst die Dinge, wie du bist, nicht wie sie sind“, deutlich zu machen, erzählte der Meister die Geschichte von seinem einundachtzigjährigen Freund, der eines Tages durchnässt und schlammbedeckt ins Kloster kam. „Es ist dieser Bach eine Viertelstunde von hier“, sagte er. „Ich habe ihn früher immer mit einem Sprung geschafft. Aber jetzt lande ich immer in der Mitte. Ich habe nicht bemerkt, dass der Bach breiter geworden ist.“

Worauf der Meister nur sagte: „Heute sehe ich immer, wenn ich mich bücke, dass der Boden weiter entfernt ist als in meiner Jugend.“

Versicherung

Eine Frau, die über den Tod ihres Sohnes verzweifelt war, kam zum Meister, um getröstet zu werden. Er hörte ihr geduldig zu, als sie ihm ihr Leid klagte. Dann sagte er sanft: „Ich kann deine Tränen nicht trocknen, meine Liebe. Ich kann dich nur lehren, wie du sie heiligen kannst."

Heiße Luft

Der Meister nahm es mit der Etikette und gepflegten Manieren gewiss nicht übertrieben genau, doch seinen Umgang mit anderen kennzeichneten immer eine natürliche Höflichkeit und Takt.
Einmal fuhr ein junger Schüler einen Verkehrspolizisten sehr grob an, als er den Meister eines Abends heimfuhr. Zu seiner Rechtfertigung sagte er: „Ich möchte lieber ehrlich sein und den Leuten genau zu verstehen geben, was ich meine. Höflichkeit ist nichts als eine Menge heißer Luft."
„Ganz recht", sagte der Meister freundlich. „Doch eben die haben wir in unseren Autoreifen, und siehst Du, wie sie die Stöße dämpft."

Mach das Fenster zu

Auf diese Weise führte der Meister das Verhalten reicher Nationen vor Augen: Ein Mann wird durch die Rippenstöße seiner Frau aufgeweckt: „Steh auf und mach das Fenster zu, es ist kalt draußen." Der Mann stöhnt: „Um Himmels willen! Wird es draußen wärmer, wenn ich das Fenster zumache?"

Die Einsicht

„Was ist das größte Hindernis für die Wahrheit?"
„Die Abneigung, den Tatsachen ins Auge zu sehen", sagte der Meister.
Zur Illustration erzählte er von der übergewichtigen Frau, die von der Waage heruntersteig und sagte: „Nach dieser Gewichtstabelle hier sollte ich etwa 15 Zentimeter größer sein."
Danach erzählte der Meister von einer anderen Frau, die sich endlich durchgerungen hatte, etwas wegen ihres Übergewichts zu unternehmen: Sie stieg auf keine Waage mehr!

Zu Bett

In einer sternenklaren Nacht ließ der Meister die Schüler in den Genuss seiner astronomischen Kenntnisse kommen: „Das ist das Sternensystem des Andromeda-Nebels", erklärte er. „Es ist größer als unsere Milchstraße und sendet Lichtstrahlen aus, die mit einer Geschwindigkeit von 300.000 Kilometern pro Sekunde zweieinhalb Millionen Jahre zu uns auf die Erde brauchen. Der Andromeda-Nebel besteht aus hunderttausend Millionen Sonnen, die viel größer sind als unsere Sonne."

Nach einer Weile des Schweigens sagte er mit einem Lächeln: „Nachdem wir nun die richtige Perspektive haben, lasst uns zu Bett gehen."

Koffer zu

Als der Meister von religiösen Führern sprach, die andere durch ihr äußeres Verhalten und ihre Kleidung zu beeindrucken suchen, erzählte er seinen Schülern diese Geschichte: „Ein Betrunkener schwankte nach Hause und kam auf eine schlaue Idee, wie er seiner Frau seinen Zustand verheimlichen könnte: Er wollte sich in sein Arbeitszimmer setzen und ein Buch lesen, denn wer hätte einen Betrunkenen schon einmal ein Buch lesen gesehen?
Als seine Frau kam und wissen wollte, was er dort in der Ecke seines Arbeitszimmers tue, antwortete er vergnügt: ‚Lesen, meine Liebe.‘
„Du bist betrunken“, sagte seine Frau. „Klapp den Koffer zu, und komm runter zum Essen!“

Vorschriften

Wie Jesus vor Jahrhunderten warnte der Meister die Leute vor der Religion, weil sie, sich selbst überlassen, blinden Gesetzesgehorsam rechtfertigt. Und so erklärte er dies:
Ein Unteroffizier fragte während der Gewehrausbildung eine Gruppe von Rekruten, warum für den Gewehrschaft Walnussholz verwendet wird. „Weil es widerstandsfähiger ist“, antwortete einer. „Falsch!“ „Weil es größere Elastizität hat“, sagte ein anderer. „Auch falsch!“ „Vielleicht weil es glatter ist als andere Hölzer“, sagte ein dritter. „Mach dich nicht lächerlich!“ sagte der Unteroffizier. „Walnussholz wird deshalb verwendet, weil es in den Vorschriften steht.“

Reue

„Warum predigst du niemals Reue?“, fragte der Prediger.
„Es ist das Einzige, was ich lehre“, erwiderte der Meister.
„Ich habe dich aber noch nie über das Beklagen der Sünden sprechen hören.“
„Reue ist kein Beklagen von Vergangenem. Das Vergangene ist tot und nicht wert, darüber eine Träne zu vergießen. Reue ist eine Umkehr des Geistes und des Herzens: eine radikal andere Sicht der Realität.“

Junge, Junge!

Kennen Sie die Geschichte von dem Kerl aus Brooklyn, der in Badehosen und mit einem Handtuch unterm Arm durch die Sahara läuft?
Er trifft einen Araber und sagt: „Hallo."
Und der Araber sagt auch: „Hallo."
Dann fragt er den Araber: „Wie weit ist es denn von hier bis ans Meer?"
„Ans Meer? Um Himmels willen", sagt der Araber. „Das sind tausend Meilen von hier."
Und der Typ aus Brooklyn sagt: „Junge, Junge, was für Strände ihr hier habt!"

10

IM HIER UND JETZT IST LEBEN

Ballast

„Wie soll ich ewiges Leben erlangen?"
„Ewiges Leben ist heute und jetzt. Lebe in der Gegenwart."
„Aber ich *bin* in der Gegenwart oder nicht?"
„Nein."
„Warum nicht?"
„Weil du deine Vergangenheit nicht abgeworfen hast."
„Warum sollte ich meine Vergangenheit abwerfen? Nicht alles an ihr ist schlecht."
„Die Vergangenheit muss abgeworfen werden, nicht weil sie schlecht ist, sondern weil sie tot ist."

Gestern und morgen

„Ich habe keine Ahnung, was der morgige Tag bringen wird, also möchte ich mich darauf vorbereiten."
„Du fürchtest den morgigen Tag und erkennst nicht, dass der gestrige genauso gefährlich ist."

Zeitlos

Wie lange dauert die Gegenwart, eine Minute oder eine Sekunde?“
„Viel kürzer und viel länger“, sagte der Meister. „Kürzer, weil der Augenblick, den du angezielt hast, vorbei ist. Und länger. Denn wenn du je in sie eingedrungen bist, wirst du auf die Zeitlosigkeit stoßen und erfahren, was Ewigkeit ist.“

Im Augenblick

Der menschliche Verstand kann Zeit verstehen und sie leugnen. Was zeitlos ist, übersteigt unsere Vorstellungskraft. Die Mystiker jedoch lehren uns, dass die Ewigkeit jetzt geschieht. Ist das keine gute Botschaft?

Ewigkeit geschieht jetzt. Die meisten Menschen sind sehr beunruhigt, wenn ich ihnen sage, sie sollten ihre Vergangenheit vergessen. Sie sind doch so stolz auf ihre Vergangenheit – oder sie schämen sich dafür. Vergessen Sie das alles! Wenn man Ihnen sagt: „Bereuen Sie Ihre Vergangenheit“, so bedeutet das, wach zu werden, und nicht: „wegen seiner Sünden zu weinen“. Werden Sie wach und hören Sie mit dem Weinen auf.

Das Paradies

Ein Schüler schlief ein und träumte, er sei im Paradies. Zu seinem Erstaunen fand er dort auch seinen Meister und die anderen Schüler, alle in Meditation versunken.
„Das bekommt man als Belohnung im Paradies?“, rief er. „Genau das Gleiche haben wir doch auf Erden gemacht!“
Er hörte eine Stimme: „Narr! Du denkst, diese Meditierenden seien im Paradies? Es ist genau umgekehrt - das Paradies ist in ihnen.“

Der Himmel

Einem Schüler, den der Gedanke vom Leben nach dem Tode nicht losließ, sagte der Meister: „Warum auch nur einen Augenblick mit dem Gedanken an das Danach verschwenden?“
„Aber ist es denn möglich, das nicht zu tun?“
„Ja.“
„Wie?“
„Indem man hier und jetzt im Himmel lebt.“
„Und wo ist dieser Himmel?“
„Im Hier und Jetzt.“

Prioritäten

Nach einer Legende schickte Gott einen Engel mit folgender Botschaft zu dem Meister: „Bitte um eine Million Lebensjahre, und sie werden dir gegeben werden, ja auch abermillionen Jahre. Wie lange möchtest du leben?"
„Achtzig Jahre", erwiderte der Meister, ohne das geringste Zögern. Die Schüler waren bestürzt. „Aber Meister, wenn Ihr eine Million Jahre leben könntet, bedenkt wie viele Generationen von Eurer Weisheit profitieren könnten."
„Wenn ich eine Million Jahre lebte, wären die Menschen mehr darauf bedacht, ihr Leben zu verlängern, als Weisheit zu entwickeln."

Präsenz

Einem Priester, der ständig wiederholte: „Wir müssen Gott in unser Leben aufnehmen", sagte der Meister: „Er ist schon da. Für uns geht es darum, das zu erkennen."

Tägliche Wunder

Es beunruhigte einige Schüler, dass der Meister sich kaum darüber Sorgen machte, ob Leute an einen personalen Gott glaubten oder nicht. Er zitierte ihnen einmal den Satz, für den er eine besondere Vorliebe hatte; er entstammt dem Tagebuch Dag Hammarskjölds, dem 1961 in Afrika ums Leben gekommenen Generalsekretär der Vereinten Nationen: „Gott stirbt nicht an dem Tag, an dem wir nicht mehr an eine personale Gottheit glauben. Vielmehr sterben wir an dem Tag, an dem unser Leben nicht mehr vom beständigen Glanz der täglich erneuerten Wunder erhellt wird, deren Quellen jenseits aller Vernunft liegen."

Der gegenwärtige Augenblick

„Mein Leiden ist unerträglich“, sprach ein Schüler.
Ihm sagte der Meister: „Der gegenwärtige Augenblick ist niemals unerträglich, vielmehr was du in den nächsten fünf Minuten oder den nächsten fünf Tagen auf dich hereinbrechen siehst, ist es, was dich verzweifeln lässt. Hör auf, in die Zukunft zu leben.“

Geld oder Leben

Ein wohlhabender Mann erzählte eines Tages dem Meister, dass er dem Drang, Geld zu verdienen, mit dem besten Willen nicht widerstehen könne.
„Nicht einmal um den Preis der Lebensfreude, bedauerlicherweise“, sagte der Meister. „Ich spare mir die Lebensfreude für meine alten Tage auf“, sagte der wohlhabende Mann.
„Sofern du noch alte Tage haben wirst“, sagte der Meister und erzählte die Geschichte vom Strassenräuber, der kurzen Prozess machte: „Geld oder Leben!“
Sagte das Opfer: „Nimm mein Leben. Ich hebe mir mein Geld für meine alten Tage auf.“

Die Gelegenheit ist jetzt

Ein junger Mann beschrieb voller Ungeduld, was er alles für die Armen tun wollte.
Sagte der Meister: „Wann möchtest du deinen Traum wahr machen?"
„Sobald die Gelegenheit dafür kommt."
„Die Gelegenheit kommt nie", sagte der Meister, „sie ist da!"

Schöne Aussichten

Ein ängstlicher Tourist fürchtete, zu nahe an den Klippenrand zu kommen. „Was soll ich machen, wenn ich da hinunterstürze?“ fragte er den Führer.
Der sagte voller Begeisterung: „In diesem Falle, Sir, sollten sie unbedingt nach rechts blicken. Die Aussicht wird Ihnen gefallen.“

Natürlich nur, wenn auch Sie erleuchtet sind!

Süß

Ein Mann läuft vor einem Tiger davon und kommt an einen Steilhang. Und weil er nicht aufpasst, rutscht er den Hang hinunter. Während er so rutscht, hält er sich an dem Ast eines Baumes fest, der dort wächst, oder vielleicht ist es auch eher der Zweig eines Busches. Dann blickt er hinunter. Es gibt keine Möglichkeit, wieder hinaufzuklettern, und außerdem wartet dort oben ja der Tiger auf ihn. Aber wenn er weiterrutscht, dann ist es sein sicherer Tod, denn es geht noch 500 Meter weiter hinunter. Was soll er tun? Er hat nur noch wenige Minuten zu leben.

Er betrachtet den Busch, an dem er sich gerade festhält, und sieht, dass Beeren daran wachsen. Da hält er sich nur noch mit einer Hand fest und pflückt mit der anderen eine Beere, steckt sie in den Mund und probiert sie. Und, so heißt es in der Geschichte, „sie schmeckte sehr süß“.

Keine Angst

„Jeder weiß, dass ich keine Angst kenne“, sagte der Herrscher, „doch ich muss gestehen, etwas zu fürchten: den Tod. Was ist Totsein?“
„Wie soll ich das wissen?“
„Aber du bist doch ein erleuchteter Meister!“
„Mag sein, aber noch kein toter.“

Das Geheimnis des Glücks

„Warum hast du das Geheimnis des Glücks vor mir verborgen?“, fragt der Schüler den Meister.
„Hast du den Vogel singen gehört?“
„Ja“, antwortet der Schüler.
„Dann weißt du“, sagt der Meister, „dass ich nichts vor dir verborgen habe.“
„Ja“, sagt der Schüler.

Quellenhinweis

Die Texte sind den nachfolgend aufgeführten im Verlag Herder erschienenen Büchern von Anthony de Mello entnommen. Die Überschriften wurden für diese Ausgabe teilweise neu formuliert:

Das Leben neu entdecken. Aufwachen zum Glück, 2013.
Wer bringt das Pferd zum Fliegen? Weisheitsgeschichten. 2. Auflage1991.
Warum der Schäfer jedes Wetter liebt. Weisheitsgeschichten. 5. Auflage 1992
Der springende Punkt. Wach werden und glücklich sein. 3. Auflage 1993
Eine Minute Unsinn. Weisheitsgeschichten, 1993.
Warum der Vogel singt. Weisheitsgeschichten. 2. Auflage 1991
Eine Minute Weisheit. 6. Auflage 1993.